AF555126

ORAISON FUNÈBRE

DE

LOUIS XVI.

ORAISON FUNÈBRE

DE TRÈS-HAUT, TRÈS-PUISSANT

ET TRÈS-EXCELLENT PRINCE

LOUIS XVI,

ROI TRÈS-CHRÉTIEN

DE FRANCE ET DE NAVARRE;

Prononcée en l'église de Saint-Roch, le 21 janvier 1815,

PAR Mr. L. PARADIS,

Vicaire de cette Paroisse.

A PARIS,

Chez ADRIEN LE CLERE, Imprimeur de S. É. Mgr. le Cardinal Archevêque de Paris, quai des Augustins, n°. 35;

ET A LA SACRISTIE DE SAINT-ROCH.

1819.

OBSERVATION.

L'Anniversaire de la mort de Louis XVI présente une occasion favorable pour nourrir la piété, affermir la foi dans les cœurs, et attacher les François à leur légitime Monarque. Anciennement les funérailles de nos Rois se terminoient avec les honneurs de leur sépulture, et n'étoient célébrées qu'une fois : maintenant des services solennels rappellent, chaque année, dans toutes les églises de France, la mémoire de Louis XVI. A ce jour lugubre et expiatoire, les fidèles sont invités par la religion à assister aux divins mystères, et écouter la lecture de cet immortel Testament, où le Roi victime peint la droiture de son ame et l'héroïsme de ses vertus chrétiennes. Mais cet admirable écrit, qui est entre les mains des François, fait désirer des explications et une connoissance plus étendue de la vie et des mérites de cet excellent Prince. L'on a donc cru utile de publier cette Oraison funèbre, afin qu'en son particulier chacun puisse s'édifier à la vue de ce que Louis XVI a entrepris et souffert pour son peuple et pour Dieu.

ORAISON FUNÈBRE

DE

LOUIS XVI.

« *Filiæ Israel, flete super Saül, qui vestiebat*
» *vos coccino in deliciis* ».

« Filles d'Israël, pleurez la mort de Saül, à qui
» vous devez la pourpre de vos vêtemens et
» les délices de la vie.

II. Liv. des Rois, ch. 1, ℣. 24.

Après la défaite d'Israël, un Amalécite étant venu annoncer la mort de Saül, dont il se déclaroit le meurtrier; David, saisi d'horreur, et ne pouvant contenir son indignation, lui fit porter sur-le-champ la peine d'un si grand crime; et aussitôt, accablé et presque suffoqué par la tristesse, il resta quelque temps muet et immobile. Cherchant ensuite à donner un libre cours à sa douleur, il exhala par des gémissemens et des cris la profonde affliction de son ame, pleura et jeûna jusqu'au soir avec ceux qui l'accompagnoient; et, ne se bornant pas à exprimer ses regrets par des larmes et des sanglots; pour faire partager ses sentimens à son peuple et à la postérité, ce Roi-Prophète composa ce fameux panégyrique que nous ont conservé les livres saints, où sont célébrés les mérites éclatans du puissant et courageux roi d'Israël et les vertus de son aimable et généreux fils Jonathas. Dans ce touchant et magnifique éloge, David invitoit la maison d'Israël et la nature entière à déplorer avec lui la mort du roi que Dieu lui-même avoit choisi et donné à son peuple; ne parlant qu'avec exécration des lieux teints de son sang, et défendant de réjouir les ennemis des Hébreux, si on leur apprenoit la triste fin de l'oint du Seigneur. Tantôt, louant la splendeur et la force de son règne, David faisoit regretter aux Israélites l'auteur de leurs prospérités; tantôt, rappelant à ce sexe distingué par sa reconnoissance et sa sensibilité, les bienfaits de Saül, les grâces et les dignités accordées à leurs époux; et pour elles-mêmes, la somptuosité et l'or de leurs vêtemens, les douceurs et les délices de la vie, qu'elles devoient à sa munificence, ce généreux prince forçoit les femmes d'Israël de joindre leurs gémissemens à ses sanglots, pour arroser de leurs larmes les funérailles de Saül. « Filles d'Israël, » pleurez sur Saül, qui vous décoroit de la ma- » gnificence de la pourpre, et vous nourrissoit » dans les délices ».

Ah! si David pleuroit si amèrement la mort de Saül, quoique ce malheureux prince eût été, à la fin de son règne, rejeté de Dieu, et qu'il fût son ennemi personnel et irréconciliable; si, à la seule pensée du crime de lèse-majesté, il s'enflammoit d'indignation, et exhortoit tout le peuple à fondre en larmes; combien plus devons-nous détester le parricide commis au milieu de nous, et inviter les François à expier ce meurtre inoui, à pleurer le meilleur des rois, un Roi religieux, le père de son peuple, par qui la France parvint à ce haut degré de prospérité, d'abondance, de délices, qui excitoit l'admiration, hélas! et l'envie de ses voisins! Combien ne devons-nous pas regretter un Roi célèbre par ses vertus chrétiennes; modeste et humble sur un trône si élevé; qui ne voyoit, ne méditoit dans ses desseins, que le bonheur de son peuple, qui, pour prix de ses bienfaits, le mit à mort! François fidèles, pleurez d'attendrissement; et vous, coupables, de honte et de repentir.

Mais c'est surtout à vous que je m'adresse, femmes sensibles et pieuses, magnanimes servantes du Très-Haut, sur qui fut toujours fondé l'espoir de la restauration de la France, et qui en êtes la première gloire, par votre religion et vos vertus éminentes. O vous qui êtes presque la seule consolation de l'Eglise, pendant et après ses longs et effroyables désastres! vous que la reconnoissance, la piété et l'amour du Roi, inné aux François, attachoient à notre religieux Monarque, qui nous gouverna plus avec la bonté d'un père qu'avec l'autorité d'un prince, qui combla peut-être de ses grâces vos familles et vos époux, honorez son tombeau par les témoignages de votre douleur; pleurez votre Roi, mort victime de son amour pour nous, mort victime de ses vertus et de sa foi; et qu'à la vue de ce cercueil, et de toute cette pompe lugubre, qui vous retracent la perte que fit la France et les fléaux qu'elle a provoqués, les gémissemens de vos cœurs fléchissent la colère du ciel. Sanctifiez donc votre douleur par vos prières, vos bonnes œuvres et vos larmes, pour faire une sainte violence au ciel, et mériter du Seigneur le pardon de la France.

Ah! puissent ces honneurs tardifs et solennels

de la sépulture obtenir le royaume céleste au Prince qui, pour sa foi, pour son Dieu, a souffert tant d'outrages et de tourmens; et en même temps faire cesser les calamités de notre patrie, comme les fléaux cessèrent d'affliger Israël, après de dignes funérailles, différées long-temps, et enfin accordées à Saül : *Et repropitiatus est Deus terræ post hæc* (1).

Tel est le sujet touchant de ce Discours, que je consacre à la glorieuse mémoire de très-haut, très-puissant et très-excellent Prince LOUIS XVI, ROI TRÈS-CHRÉTIEN DE FRANCE ET DE NAVARRE.

---

(1) II lib. Reg. XXI, 14.

Long-temps la douleur de la France dut se concentrer en elle-même. Le sage nous avertit qu'il est un temps pour se taire et un temps pour parler ; un temps pour pleurer, comme il est un temps pour se livrer à la joie.

Hélas ! quel sentiment de joie, pendant l'espace d'une génération entière, pouvoit, je ne dis pas pénétrer nos cœurs, mais les effleurer, sans qu'aussitôt l'image partout présente de nos calamités vînt, par son aspect hideux, rider nos visages et dessécher nos ames. Telle étoit notre infortune, que les larmes qu'un délateur nous eût vu répandre sur l'auguste et cher objet de nos regrets, étoient condamnées comme un crime d'Etat, et punies par les prisons, par l'exil ou la mort.

Enfin la nature reprend ses droits ; l'humanité, trop long-temps sur les lèvres des François, descend dans leurs cœurs, pour faire bientôt place à la charité chrétienne. Laissons donc là l'insensibilité philosophique : cédons plutôt aux sentimens d'attendrissement, douloureux il est vrai, mais chers et naturels à nos cœurs, qui doivent des larmes à de grands malheurs, surtout lorsqu'ils sont endurés pour nous, et avec une vertu supérieure à l'adverse fortune.

Quel Prince put jamais se promettre une plus belle destinée que Louis XVI ? Assis, à l'âge de vingt ans, sur un des plus magnifiques trônes du monde, possédé paisiblement pendant tant de siècles par les Rois ses ancêtres ; vertueux par caractère, ennemi des plaisirs, voisin redouté autant qu'estimé des autres Puissances ; enfin, environné de l'amour de son peuple, qui s'étoit toujours signalé parmi toutes les nations de l'univers par son attachement dévoué au sang de Charlemagne et de saint Louis ; notre illustre Monarque devoit parcourir la plus heureuse carrière qu'un Roi juste et modéré puisse espérer du fruit de ses vertus.

Bon père, tendre et fidèle époux, maître indulgent, dispensateur économe de la fortune publique, Louis XVI faisoit l'admiration de sa famille et de sa cour : les serviteurs attachés à sa personne ou à son service, frappés de la vie pure et irréprochable du Roi, le citoient pour exemple et le prenoient pour modèle de leur conduite. Ses sujets n'ont-ils pas toujours rendu justice à son aversion pour le faste, à la droiture de ses sentimens, à sa religion sincère, à son observation constante des préceptes de l'Eglise, et révéré en lui le sanctuaire des vertus privées? Jamais ni les discours séduisans des flatteurs, ni les attraits de la volupté, ni la perversité de son siècle, ne purent entamer son cœur ou amollir son ame. Les études sérieuses et utiles étoient la sauve-garde de sa vertu et le bonheur de sa vie. C'est vous, respectables magistrats, et vous, confidens honorés de son autorité, qui pourriez nous dire combien de fois vous admirâtes son équité inflexible, la justesse de son esprit, la supériorité de ses réflexions, la profondeur et l'étendue de son érudition. Mais toute la pénétration de son esprit, ses talens naturels et ses vastes connoissances ne lui inspiroient point cette vanité présomptueuse et cet orgueil si ordinaire aux esprits médiocres; au contraire, mettant à profit ses lectures et ses méditations, savez-vous quelle étoit la conclusion que Louis XVI tiroit de ses occupations littéraires? C'est, il s'en exprimoit ainsi avec l'un de ses ministres: *que l'homme n'est heureux et sage, que lorsqu'il s'humilie devant Dieu, et qu'il s'attache à le connoître et à le servir* (1).

Je ne m'arrêterai pas à vous détailler tout ce que fit cet excellent Prince pour la gloire et le

---

(1) Paroles de Louis XVI à M. de Malesherbes.

bonheur de la France. Ses réformes, ses réglemens, ses lois; les ports creusés, les ponts construits, l'agriculture encouragée, sa protection généreuse accordée aux arts, sont autant de témoignages de son amour pour son peuple, de monumens de son zèle actif pour donner à son royaume ce lustre et cette force imposante qui faisoient partout rechercher l'alliance de Louis XVI et préconiser sa sagesse. Dégoûté des guerres, qui sont si souvent ambitieuses, une seule fut soutenue par la France, contre son gré, mais de l'avis de tout son conseil : et combien dans cette guerre la France ne se montra-t-elle pas redoutable!

Mais ce que j'aime surtout à vous faire remarquer, Chrétiens, dans le long cours des prospérités de notre puissant Monarque, c'est que jamais il ne s'est montré indigne du nom dont nos Rois ont toujours été si jaloux, de fils aîné de l'Eglise; c'est que la foi pure et mémorable de son auguste père le grand Dauphin, dont le nom sera toujours cher à la religion et béni des François, ne s'est point démentie en Louis XVI.

Que d'autres princes accablent de douleur l'Eglise par leurs entreprises étranges sur ses droits sacrés et imprescriptibles ; qu'ils suscitent des démêlés affligeans au Père commun des fidèles ; leur exemple ne portera point notre Roi Très-Chrétien à essayer son pouvoir contre Dieu. L'épouse de Jésus-Christ, l'Eglise, n'a point gémi des atteintes que lui ait portées Louis XVI ; mais plutôt le vénérable Vicaire de Jésus-Christ en terre, et toute la chrétienté, ont ressenti les coups portés à un si bon Prince, à un Roi si vertueux, si accompli.

Non que je veuille dire cependant que notre religieux Monarque ait été exempt de fautes. Quel est l'homme sur la terre qui pourroit se dire irréprochable et exempt de péché, sans être aussitôt repris par sa conscience ? Si Louis eût été sans tache, nous n'offririons pas l'Agneau immaculé pour achever de purifier son ame aux yeux du Dieu trois fois saint ; mais ses fautes, provenant d'un excès de bonté, et non du vice contraire, sont toujours plus pardonnables et plus promptement oubliées du Seigneur.

Eh ! que n'a pas enduré d'afflictions, d'opprobres et de tourmens, le Prince dont nous honorons la mémoire, pour se purifier, avant de remettre son ame entre les mains de son Créateur ! Son amour extrême pour son peuple devint enfin la cause de ses calamités et des nôtres : sa condescendance envers des esprits inquiets et remuans hâta sa ruine ; et sa générosité, portée plus loin, suivant ses expressions, *que n'avoit fait aucun roi avant lui*, au lieu de toucher les prétendus amis de la raison, d'attendrir les perfides apôtres de l'humanité ; les prédicateurs enthousiastes de la fraternité, a vu ces panégyristes féroces de la bienfaisance, qu'on vouloit substituer à la charité chrétienne, tout à coup devenir des traîtres et des meurtriers de leur Roi. O exécrable philosophie du jour! voilà tes œuvres; voilà les disciples que tu formes. *Et nunc, reges, intelligite; erudimini qui judicatis terram* (1). *Instruisez-vous, princes et magistrats, instruisez-vous à l'école des malheurs du Roi que nous pleurons.* Et vous, augustes et puissans Monarques, que le ciel a placés à la tête des peuples, pour les gouverner avec sagesse, profitez des grandes leçons que vous donne la triste fin de Louis XVI. Dans tout autre siècle, notre excellent Prince eût véeu le plus chéri, le plus estimé, le plus heureux des rois; dans le siècle dominé par les sophistes, Louis a été le plus malheureux des souverains; Louis a péri, comme un malfaiteur, sur un échafaud : *Et nunc, reges, intelligite.*

---

(1) Ps. II.

Oui, Messieurs, voilà la première, la véritable et la seule cause de cet horrible attentat, et de toutes les catastrophes lamentables qu'ont essuyées pendant vingt-cinq ans la France et le monde ; dont les ravages seront peut-être sentis dans tous les siècles à venir. Ne la cherchons pas ailleurs que dans l'inquiétude des esprits et l'indépendance que l'impiété souffloit et propageoit, depuis un siècle, dans notre patrie. Lisez les ouvrages, les lettres, les correspondances des sophistes : je vous les nommerois, si vous ne les connoissiez pas comme moi, et mieux que moi, ceux qui s'enorgueillissoient du nom de philosophes ; vous y verrez à découvert les conjurations, les cabales, les trames les plus horribles, concertées pour renverser la religion et l'Etat. La guerre de l'incrédulité a toujours été dirigée contre Dieu et contre les Rois, qui sont ses images ; contre les ministres sacrés et contre les appuis du trône, hélas ! trop peu en garde contre les dogmes anarchiques. Oui, ce sont les livres et les complots de l'incrédulité qui ont renversé le plus affermi des royaumes. Qu'aucun monarque ne se croie possesseur assuré de sa couronne, si ses Etats n'étoient peuplés que de philosophes. Sans la force de sa constitution, la France eût péri un demi-siècle plus tôt. Combien donc étoient solides les fondemens de notre monarchie, puisqu'il a fallu près d'un siècle de lutte pour la renverser! et encore maintenant son souvenir est si cher aux François, qu'ils s'empressent de la rétablir sur ses principales bases. En vain, lorsque la France, cédant à des terreurs vaines et astucieusement répandues, se trouva armée, sans y penser, contre son Souverain, en vain cherchoit-on les moyens d'arrêter les progrès effrayans d'une révolution qui surpassoit déjà l'attente des agitateurs du peuple; les François, frappés de l'esprit de vertige, et comme enivrés dans la coupe philosophique, conspiroient tous à demander des changemens dans l'Etat, sans pen-

ser

ser qu'ils couroient à leur perte. La délivrance ne pouvoit venir que du ciel, et par la pénitence, à laquelle on ne pensoit plus.

Non, ce n'est pas la pénurie du trésor public qui a causé la ruine de la monarchie; mais, minée dans ses fondemens, et sapée de toutes parts par les coups redoublés de l'incrédulité, son explosion et sa perte étoient inévitables. La religion, depuis long-temps attaquée dans tous ses dogmes, gênée dans son enseignement et sa discipline, outragée dans ses ministres, dans ses pontifes, et surtout dans son chef, pouvoit-elle retenir les peuples dans la fidélité, le respect et l'attachement dus au Prince? Ces belles vertus, soutiens nécessaires des royaumes, étant méconnues, et toutes les barrières de la subordination brisées, le champ n'étoit-il pas abandonné aux factieux, pour exciter des séditions, piller, incendier, proscrire, égorger les défenseurs de l'autel et du trône? Qui s'étonnera encore si l'irréligion a précipité la France dans mille abîmes, et étendu au loin ses persécutions et ses ravages?... Puissances voisines de la France, vous avez ressenti les secousses du volcan de notre patrie, dont les violentes éruptions ont roulé leurs laves brûlantes jusque dans vos climats. La chute épouvantable de notre antique monarchie a fait chanceler tous vos trônes, comme son rétablissement miraculeux les raffermit. Avec Louis XVI, la paix étoit sortie du monde : par le retour de Louis XVIII, elle y rentre (livrons-nous à cet espoir) pour y fixer à jamais son séjour. Nos malheurs, hélas ! vous ont été communs : la flamme révolutionnaire a ravagé vos florissantes contrées, après avoir dévasté notre belle et délicieuse patrie. Vous avez donc été enveloppés dans nos désastres, bons et fidèles Germains, nation religieuse et hospitalière, qui serez toujours l'objet de ma reconnoissance et de mes louanges. Et toi, pieuse Espagne, invincible dans ta foi comme dans ton attachement à la France et au sang de ses rois ; et toi, contrée bénie par-dessus tous les royaumes et les empires, sainte Italie, centre de l'unité et de la foi, où Pierre a fondé son Apostolat et établi son Siége impérissable. O folie des enfans du siècle! ils se promettoient d'anéantir la chaire apostolique, de briser la pierre que Dieu a donnée pour fondement à son Eglise, la pierre qui brise elle-même et détruit tout ce qu'elle frappe et tout ce qui ose la frapper : ils se confioient dans l'orgueil de leur gigantesque puissance ; mais leurs attaques perfides et sacriléges n'ont servi qu'à affermir l'Eglise, à rendre son chef plus auguste, plus cher, plus vénérable au monde ; et à donner une preuve éclatante que Jésus-Christ accourt toujours aux cris de ses disciples, et les sauve de tous les périls. Dans l'ivresse de ses succès, l'orgueilleuse impiété couvroit (comme autrefois le déluge par ses eaux) la surface de la terre de ses innombrables phalanges, et répandoit partout la menace et l'effroi. Tu n'as pas été exempte de craintes et de terreurs, à la vue de ses hardis essais pour franchir les flots qui te défendent, île célèbre et puissante, autrefois la terre des saints, dont les immenses richesses ne nous laissent d'autres vœux à former pour ton bonheur, que ton retour à la foi : souffre ces vœux de nos cœurs reconnoissans pour prix de ta noble hospitalité envers notre Roi et ses sujets exilés. Et vous, que des distances immenses séparent de nos contrées, Puissances septentrionales, avez-vous vu sans frémir les incursions de ses terribles armées? Mais enfin Dieu a pris sa cause en main : ses élémens ont combattu pour lui ; et par vous, il a donné la paix à l'univers. N'oubliez pas que c'est Dieu, Dieu seul qui vous a accordé des victoires complètes, après tant de revers ; et que vous devez en user, puisque c'est un don de Dieu, comme fait le Seigneur, pour la paix et pour le bien du monde.

Les guerres, au reste, et les succès passagers de la philosophie, sont un nouveau genre de persécution, par lequel Dieu a voulu épurer son Eglise, dont tous les membres se relâchoient dans son service. Dieu s'est servi de l'incrédulité pour donner à notre siècle des martyrs. Après avoir fait triompher sa religion des glaives de l'idolâtrie, des dissentions des schismes et des hérésies, il l'a exposée aux persécutions de l'incrédulité armée d'une puissance effroyable; mais la puissance et les erreurs de l'impiété confondue périront, comme les autres erreurs, qui ont troublé tant de fois le repos de la terre.

Pour revenir au fils aîné de l'Eglise, cette grande victime que se préparoit l'impiété philosophique, ce Roi généreux et prodigue de son amour pour les François, se considérant moins comme le souverain, que comme le bienfaiteur et le père de son peuple, crut, en rassemblant autour de lui ses sujets, guérir les maux de l'Etat, arrêter l'effervescence des esprits, et, par tous les sacrifices compatibles avec sa dignité, réparer les vides du trésor, qu'on alléguoit, et que ses économies sévères ne pouvoient combler. Mais combien il fut déçu dans son attente, quand il vit ses serviteurs devenir tout à coup ses maîtres, s'armer contre leur Roi, bientôt après, l'assiéger dans son palais, massacrer sous ses yeux ses gardes fidèles, le traîner dans une douloureuse et insupportable captivité qui ne finit qu'avec ses jours. O Prince, ami de votre peuple, et digne d'un meilleur sort, si les biens de la terre étoient quelque chose! qui ne versera ici des larmes sur votre destinée? qui ne s'affligera des humiliations et des souffrances réservées à tant de vertus? Que vois-je! un puissant Monarque, dernièrement redouté dans le monde entier, et commandant un peuple innombrable, maintenant est réduit à craindre le dernier de ses sujets. O vanité des grandeurs humaines! Apprenons de là, Messieurs, à ne regarder, à l'exemple de Louis XVI, les dignités de la terre et les faveurs de ce monde, que comme des biens *dangereux et périssables*: tournons, comme lui, nos regards *vers la seule gloire solide et durable de l'éternité*; et estimons par-dessus tout la foi, la vertu et le secours d'en haut, qui soutinrent et consolèrent notre religieux Monarque dans les chagrins de son infortune. Hélas! nous ne verrons plus ce bon et excellent Prince, brillant dans son palais de l'éclat du diadême, et orné de la gloire de ses illustres aïeux. Son règne de prospérités est passé : son règne d'adversités commence, pour empoisonner de chagrins le reste de ses jours. Mais que dis-je! la gloire véritable et immortelle de Louis XVI va éclore. Jusqu'ici, Louis a été un prince bon et père de son peuple; une nouvelle carrière s'ouvre devant lui : désormais tout son caractère va se déployer; il se montrera grand roi, héros chrétien, prince supérieur à son siècle.

Plaignons le vulgaire ignorant et aveugle, qui méconnoît, qui méprise le juste, lorsqu'il le voit souffrant et couvert d'opprobres : les sages, les hommes vertueux dédommageront honorablement de cette injustice le mérite persécuté, en lui rendant un digne tribut de respect et de louanges. En effet, Messieurs, si l'on n'honore pas la vertu souffrante et résignée, on ne trouvera plus rien de louable sur la terre; il faudra mépriser les grands exemples de patience, de courage, d'héroïsme, que l'histoire présente à notre admiration; car tous les grands hommes, les sages les plus célèbres, toutes les vertus mémorables de l'antiquité, ont essuyé de cruelles persécutions : c'est même l'adversité qui a rehaussé leurs mérites et accru leur gloire; et le juste imaginaire de Platon, dont ce fameux sage du paganisme avoit tant chargé le tableau, étoit surtout grand et digne de la vénération du monde, par sa patience invincible au milieu des tourmens et des outrages d'un peuple acharné à sa perte. La vertu est semblable à l'or, qui ne brille jamais avec plus d'éclat que dans le creuset ardent; et nous reconnoissons un héros, quand les revers de la fortune fondent sur lui, sans ébranler sa constance.

Lorsque vous parcourez, Messieurs, le règne et les glorieux exploits de Louis-le-Grand, ce digne aïeul de notre infortuné Monarque, quelle est la page de son histoire qui frappe principalement votre esprit et vous jette dans l'admiration? Pour moi, j'avoue que s'il me paroît digne de la grandeur de son nom par ses victoires éclatantes, par les monumens qu'il lègue à la postérité, par les chefs-d'œuvre qui naissent en foule autour de lui, j'avoue qu'il me paroît encore plus grand et supérieur à lui-même, lorsque la prospérité, qui l'avoit toujours caressé, l'abandonne, et que son ame inébranlable rassure la France aux abois, et la rétablit dans la vigueur de sa première puissance. De même, si nous considérons saint

Louis, prisonnier des Sarrasins, conservant, après sa défaite, la grandeur et la majesté d'un roi vainqueur, ne nous paroît-il pas digne des hommages de l'univers? tandis que l'on méprise ces anciens rois fainéans, qui, ennemis du travail et des sollicitudes du trône, passoient leur vie dans l'oisiveté et le repos, et se perdoient dans les honteuses délices d'une cour molle et corrompue. Digne héritier de ce pieux et magnanime Monarque, Louis XVI a montré que le sang de saint Louis couloit dans ses veines; que les outrages de l'adversité ne pouvoient ébranler ni la fermeté de son ame, ni la constance de sa foi; que ses vertus enfin le rendoient digne du trône de ses ancêtres, où l'indépendance séditieuse osa l'attaquer : il a prouvé que si les fureurs de l'impiété pouvoient lui enlever la couronne et la vie, elles ne pouvoient jamais ni l'abattre ni le vaincre.

C'est donc maintenant que nous allons considérer toute la fermeté du caractère élevé et intrépide de Louis XVI. Etant dépouillé de cet appareil imposant de pompe et de décorations qui environne le trône, qui frappe et éblouit les yeux, nous contemplerons mieux la vertu sincère de notre héros chrétien et la grandeur de son ame. La royauté n'existe plus : le prince malheureux reste, jeté avec sa famille dans une horrible prison. Quelle déchirante situation ! Voyons comment il supportera cette infortune, et quel usage il fera des chagrins dont la cruelle philosophie l'abreuve.

Louis ne s'arrête point à regretter la royauté qui l'élevoit au-dessus des hommes ; il se considère maintenant comme captif, captif de Jésus-Christ, et s'applique à en remplir les devoirs, se regardant comme une victime chargée des iniquités du peuple, comme un autre Jonas, condamné à périr pour appaiser la tempête. Le ciel courroucé a besoin de décharger sa colère sur la France : les coupes de son indignation se verseront sur ce royaume incrédule et enivré du sang des martyrs ; tout présage, tout annonce sa fin et les châtimens de ses crimes. Dans cette cruelle conjoncture, notre généreux et magnanime Souverain s'offre à Dieu en sacrifice pour son peuple, si sa mort peut en expier les attentats et calmer le ciel : il boit *son calice jusqu'à la lie* ; reçoit, sans se plaindre, tous les traits envenimés que lancent contre lui ses impitoyables ennemis ; et se résigne, comme Job, dans ses humiliations ; mais il n'en montre pas moins un front majestueux, plus redoutable à ses pâles persécuteurs, que lorsqu'il brilloit de la splendeur du diadême ; parce que rien n'est aussi formidable aux méchans, que le visage serein des justes qu'ils persécutent.

Mais considérons maintenant, dans sa prison du Temple, notre Roi très-chrétien consolant sa famille. Quel charme, quelle douceur, quelle onction découlent des lèvres de ce juste qui souffre pour la cause de Jésus-Christ! Approchez, épouse éplorée, digne fille des Césars, qui oubliez vos chagrins innombrables, pour ne penser qu'à ceux de votre auguste époux, et le suivrez de près au tombeau : approchez, sœur uniquement chérie et si digne de l'être, tendre et pieuse Elisabeth, que l'histoire de l'Eglise placera parmi les princesses les plus accomplies qu'ait formées le christianisme; et vous, augustes enfans, dont l'un, hélas! au lieu d'être ceint du diadême, qui lui est dû, après mille outrages qui font horreur à la pensée, sera misérablement moissonné à l'aurore de ses jours; l'autre, miraculeusement sauvée, vivra pour l'édification de l'Eglise, le soulagement des pauvres, la consolation du Roi son oncle et le bonheur d'un époux qui a conquis l'admiration des François : approchez, famille désolée, épanchez vos douleurs dans le sein de Louis XVI.

Ah! si vous êtes souffrans, Dieu ne vous

délaisse pas, puisqu'il vous donne un ange consolateur dans la personne du Roi. Louis ne pense pas à ses souffrances personnelles et aux mortifications de tout genre qu'il éprouve : son cœur ne considère que vos peines ; ou plutôt, digne fils de saint Louis, vénérable chef d'une famille si chrétienne, il s'occupe à vous faire mériter avec lui, lorsque le royaume terrestre lui échappe, le royaume où l'on règne dans la gloire éternelle. Louis vous tient le langage des confesseurs de la foi, qui animoient les martyrs à mourir pour Jésus-Christ, à souffrir courageusement et avec joie pour son nom, les prisons, la faim, la soif, les reproches, les dérisions, et tous les supplices des tyrans.

Ecoutez, famille auguste et souffrante, écoutez ses dernières leçons, et qu'elles restent à jamais présentes à votre mémoire. Le Roi vous recommande, comme autrefois Blanche à saint Louis, et comme son digne père l'instruisoit dans son enfance, de craindre un seul malheur. Quoi ? de perdre la couronne ? Non. La vie ? Non ; mais le malheur de perdre la grâce de Dieu par le péché. *Je recommande surtout à ma femme*, écrit-il dans son immortel testament, *de faire du Dauphin un bon chrétien.* O foi ! ô religion, digne des plus beaux siècles de l'Eglise, et qui condamnera au tribunal du Seigneur tant de parens irréligieux, qui élèvent leurs enfans sans leur faire connoître Dieu, ni leur apprendre à accomplir sa volonté sainte !

Les sacrifices devinrent si familiers à notre Roi captif, qu'il répondit avec douceur à ceux qui le détenoient dans sa cruelle prison et lui reprochoient une misérable subsistance : *Il ne nous faut que du pain et de l'eau : qu'on nous donne l'un et l'autre, et nous serons contens.* O résignation ! ô magnanimité ! ô effet surnaturel de la religion, qui seule peut inspirer une patience si admirable !

Je dois t'interpeller ici, vaine et désespérante philosophie. Dis-nous, que peux-tu substituer à ces hautes pensées, à ces sacrifices héroïques, à ce sublime courage? Sais-tu consoler et soutenir tes adeptes dans l'adversité? Non, tu les laisses dans l'abattement, tu les abandonnes au désespoir, ou tu les pousses au suicide, inventé par l'enfer. Audacieuse et tyrannique dans la prospérité, alors tu ne gardes plus de mesure : tu soulèves les peuples, tu leur commandes de persécuter les rois, de les abreuver de fiel, de les sustenter du pain de tribulation, de les faire périr, comme tu l'as fait, dans les tourmens. N'est-ce pas là la doctrine criminelle et digne de toute l'animadversion des lois, que tu publiois depuis près d'un siècle? Et l'on n'arrêtoit pas ton audace!....... Souple et rampante dans tes commencemens, pour répandre tes poisons dans la société, tu demandois, perfide et hypocrite philosophie,

tu

tu demandois à la religion la faveur de la tolérance, afin de l'écraser quand tu serois devenue puissante : tu réclamois quelque part de l'autorité du meilleur des rois, pour l'en dépouiller ensuite totalement, et le faire périr dans les supplices.

O vous, esprits hardis et téméraires, qui, vivant sans foi, sans règle et sans frein, prétendez au nom fastueux de sages; vous qui, sous la bannière de l'humanité, avez versé tant de sang innocent, et accablé d'afflictions et d'outrages le plus doux des monarques, qui vous avoit enrichis de ses bienfaits et décorés de ses dons, ne ferez-vous jamais un retour sur vous-mêmes pour vous condamner? Ne demanderez-vous pas pardon à Dieu de vos forfaits inouis, dont le récit fera frissonner d'horreur nos derniers neveux? Ah! revenez de vos égaremens! la vertu vous commande le repentir, la religion vous offre votre réconciliation avec Dieu..... Tels étoient les vœux sincères, les sentimens charitables de Louis XVI, qui prioit le Père des lumières de vous éclairer, de vous toucher ; qui vous excusoit auprès de Dieu, et demandoit votre salut, lorsque vous le condamniez à la mort.

Mais hâtons-nous d'achever l'histoire déplorable des derniers tourmens de notre Roi magnanime. Cet intrépide confesseur de la foi de ses pères, craignant, non les hommes, mais Dieu, voit, sans se troubler, entrer les messagers de la tyrannie, chargés de lui annoncer son dernier sort. Préparée à tous les sacrifices, sa grande ame écoute avec calme l'arrêt de mort que prononcent contre lui des sujets révoltés : il adore les desseins de Dieu, se soumet à sa volonté sainte, et met à profit ses derniers momens pour encourager sa famille inconsolable et se préparer au grand passage du temps à l'éternité. Je le vois s'avancer vers le trépas, d'un œil assuré, d'un pas ferme, avec un visage serein et plein de majesté.

L'ange du Seigneur qui vient de purifier sa conscience et de nourrir son ame du pain divin des forts, le ministre sacré de Jésus-Christ et de l'Eglise, est à son côté, pour l'aider à saisir la palme immortelle, dont le ciel veut le gratifier. Saintement recueilli en lui-même, et ne parlant plus qu'avec Dieu, il traverse toute sa capitale, pour arriver à l'échafaud, disons mieux, à la gloire.

Cité sensible et hospitalière, cité magnifique, décorée par les libéralités de Louis XVI et de ses ancêtres, amis des arts, cité renommée dans l'univers par ta douceur, ta piété et ton amour pour tes Rois, est-ce toi qu'il faut accuser du parricide commis dans tes murs? Serois-tu devenue tout à coup cruelle et régicide? Est-il vrai que tu as trempé tes mains dans le sang du plus vertueux et peut-être du plus saint de tes Rois? Ah! j'offense ta sensibilité, j'outrage ton amour pour ton Roi, que tu pleures tous les jours! Non, ce n'est pas toi, qui gémis, ce sont ceux qui ne pleurent pas un si bon Roi, qui lui ont arraché la vie. Non, ce ne sont pas tes infortunés habitans, qui, renfermés dans leurs maisons, fondoient en larmes et jetoient des cris lamentables; ce ne sont pas tes enfans, persécutés pour la cause du Roi, qui furent ses meurtriers. C'est un vil ramas d'étrangers, c'est le rebut des provinces, ce sont des hommes avides de désordres; ce sont, enfin, les chefs, les agens, les hordes sanguinaires de l'impiété, à qui il étoit donné de tout subjuguer par la terreur, et qui, comme un torrent débordé, entraînoient tout ce qui se trouvoit sur leur passage; ce sont ces ennemis déclarés du ciel et de la terre, qui ont trempé leurs sacriléges mains dans le sang de l'Oint du Seigneur.

Enfin, Louis XVI arrive au lieu marqué pour son supplice, devant son palais, presque dans son jardin, au milieu de ses soldats et de cent foudres d'airain tournées contre lui. Jamais Louis ne parut si grand que sur ce théâtre d'où son ame bienheureuse devoit s'élever dans les cieux. Les troupes consternées, qui remplissoient cette immense place, écoutoient avec respect et attendrissement les dernières paroles de leur Roi à un peuple trop aimé. *Je meurs*, leur dit le Roi, avec une voix haute et ferme, et avec cet épanchement que lui inspiroient l'amour de son peuple et la justice de sa cause, *je meurs innocent des crimes que l'on m'impute. Je pardonne aux auteurs de ma mort, et je prie Dieu, que le sang que vous allez répandre, ne retombe pas sur la France.* Les guerriers attendris alloient rendre les armes à leur légitime Souverain, prêts à les tourner contre les hommes de sang. Vous ne le permîtes pas, ô Dieu redoutable dans vos jugemens! Vous voulûtes accorder à Louis XVI la plus belle récompense de l'Evangile, la gloire de mourir pour la foi; laisser consommer à la philosophie du dernier siècle le dernier des crimes; et, par les fléaux que ses forfaits incroyables ont accumulés sur nos têtes, nous amener enfin au repentir.... Mais pendant que je parle, Louis n'est déjà plus. Des bruits sourds et lugubres, des sons effroyables, qui glacent tous les cœurs, ont étouffé la voix de notre Roi Très-Chrétien, qui, résigné à la volonté du Seigneur, reçoit le coup mortel avec la sérénité d'un martyr qui entre en possession de la gloire éternelle.

Digne fils de saint Louis, montez au ciel; présentez-vous avec confiance devant *le juge incorruptible, qui saura bien*, ce sont les paroles qu'il vous inspiroit, *vous rendre la justice que les hommes vous ont refusée ici-bas*. Oui, Jésus-Christ vous confessera devant son Père et devant ses anges, comme vous avez confessé son nom devant les hommes. Si les princes de ce monde récompensent généreusement les sujets fidèles qui, pour la défense de leur cause, ont reçu d'honorables blessures, Dieu laissera-t-il sans récompense ses courageux serviteurs, qui ont eu la gloire et le bonheur de mourir pour son nom, et qui, triomphans, apportent aux pieds de son trône les trophées et la palme de leur victoire? Ah! de quelle félicité et de quel crédit ne doivent-ils pas jouir auprès de Dieu!

O Roi martyr! nous osons vous qualifier de ce titre; si votre pouvoir est grand dans le ciel, si le Seigneur vous élève dans la splendeur des saints, comme vous vous êtes humilié sur la terre; si Dieu vous comble de gloire, comme vous avez fait votre dernière et unique étude de le glorifier et de vous immoler pour lui, oubliez nos égaremens, intercédez pour votre famille et pour la grande famille des François, dont vous étiez, dont vous serez toujours le père, j'ai presque dit le patron. Demandez à Dieu que votre vertueuse et pieuse famille, qui a partagé votre captivité et vos persécutions, partage aussi l'héroïsme de votre foi et votre bonheur immortel. Que votre auguste Frère, héritier de votre trône, secondé des Princes de son sang, cicatrise tous les maux de la France, répare les ruines du sanctuaire, et soulage, par son affabilité, sa justice et ses bienfaits, les François, long-temps malheureux, parce qu'ils furent long-temps déserteurs de la loi sainte.

Nous voyons, Messieurs, nous goûtons en partie ces grands biens. Le Seigneur, touché de nos maux, sauve, par un double miracle de sa providence, la France, et surtout cette capitale, dont l'existence est due (n'en doutons point) aux prières de la piété. A la conservation miraculeuse de Paris, Dieu ajoute le rétablissement non moins prodigieux de la monarchie et de Louis XVIII sur le trône de son Frère. Dieu a voulu récompenser les mérites de cette pieuse famille immolée, et les vertus de cette religieuse famille conservée. Dieu nous donne un Roi généreux et juste, qui sait pardonner et punir; un Roi ami de son peuple, ami des sciences, qui relevera la France de ses ruines; un Roi qui, pénétré des vérités de la foi, doit, veut et fera fleurir la religion de nos pères, et n'oubliera jamais qu'il est frère d'un Roi martyr, sur le crédit duquel il peut toujours compter, pour triompher des obstacles dans toutes ses sages et saintes entreprises.

Mais que fais-je? Où m'emporte mon zèle et mon amour? Je ne réfléchis pas que je viens solliciter des prières pour l'ame de notre Roi, puisque je vous insinue de l'invoquer comme un saint et de le révérer comme un martyr. Mais non, ne devançons point le jugement du Siége Apostolique, auquel Louis XVI fut toujours si soumis, à qui seul il appartient de proclamer les amis de Dieu, qui, par leurs vertus chrétiennes et héroïques, méritent d'être invoqués par l'Eglise.

Achevez donc, respectable Pasteur (1), le sa-

---

(1) M. le Curé de Saint-Roch, officiant.

crifice d'expiation, le sacrifice de propitiation; et que, touché de l'unanimité de nos sentimens et de nos vœux, le Seigneur fasse grâce à la France, et accorde au Roi très-chrétien, dont la mort nous réunit, dont nous célébrons enfin, dans sa capitale, après vingt-deux ans, les obsèques, et aux Augustes victimes de sa cause, les récompenses infinies qu'il a promises à ceux qui souffrent la mort pour son nom.

Ainsi soit-il.

FIN.

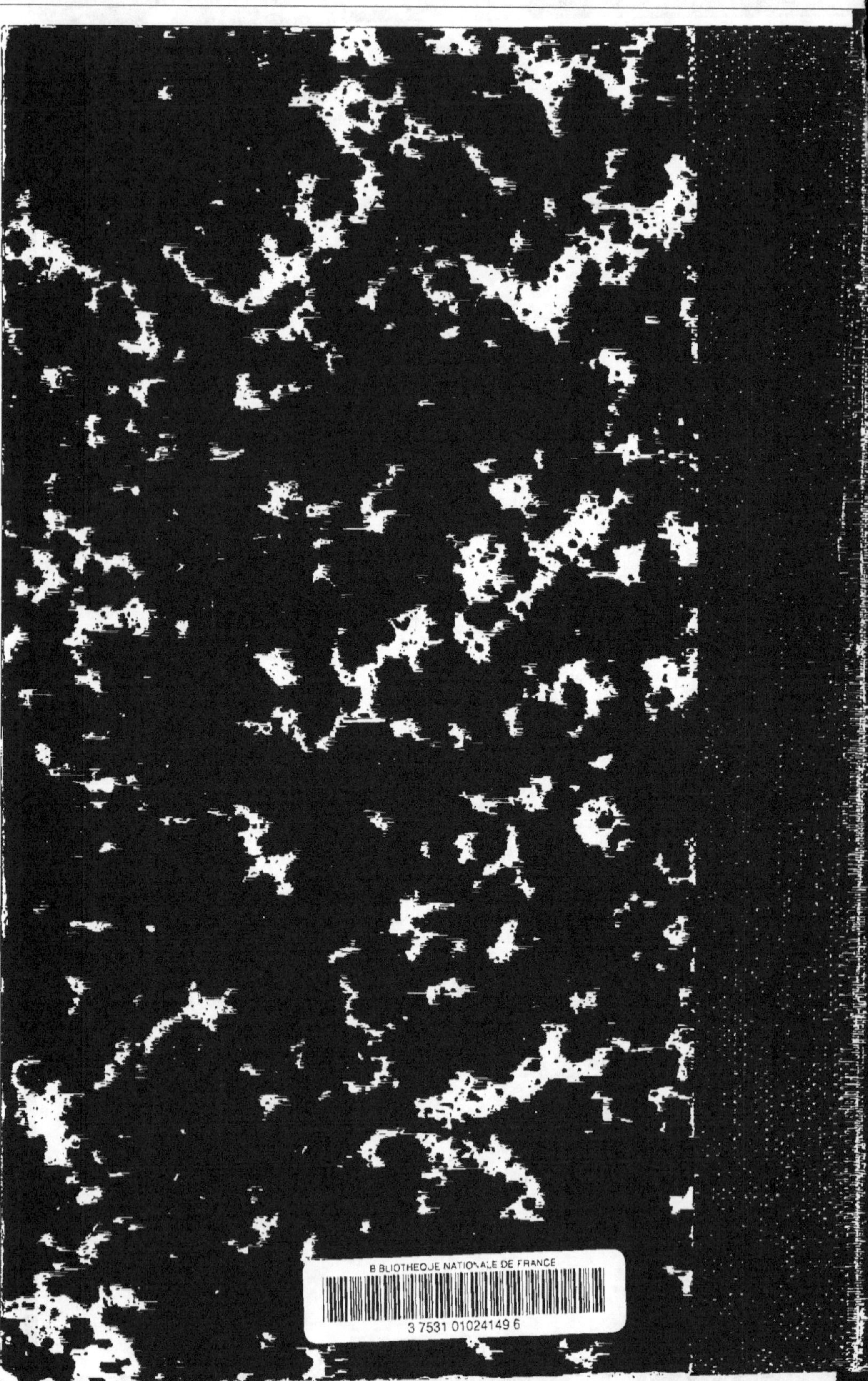